I.

# Warenhaussteuergesetz

vom 14. August 1910.

II.

# Besitzveränderungsabgabensteuer-gesetz

vom 14. August 1910.

mit Vollzugsvorschriften vom 15. August 1910.

III.

# Hundeabgabensteuergesetz

vom 14. August 1910.

Je mit Einleitung und Sachregister.

# Inhalt.



U. E. Sebald, Kgl. Bayer. Hofbuchdruckerei, Nürnberg.

# I.

# Warenhaussteuergesetz.

## Das Warenhaussteuergesetz.

Mit einer Sonderbesteuerung der Warenhäuser und ähnlichen Unternehmungen ging unter den deutschen Bundesstaaten Bayern voran durch Art. 23 des Gewerbsteuergesetzes vom 9. Juni 1899. Das Gesetz entsprang vorwiegend sozialpolitischen Absichten, die auch in dem Gesamtbeschluß beider Kammern vom 15. November 1895/29. Januar 1896 zum Ausdruck gebracht wurden: die Regierung solle einen Gesetzentwurf vorlegen, „nach welchem das Gewerbsteuergesetz vom 19. Mai 1881 Änderungen und Zusätze erhält, welche eine so hohe Besteuerung der sog. Warenhäuser, Zentralgeschäfte, Filialgeschäfte, Bazare und anderen Großunternehmungen in Handel und Gewerbe möglich machen, daß der durch diese Unternehmungen drohende Ruin der mittleren und kleinen Betriebe in Handel und Gewerbe verhindert werden kann." Diesem vom Landtag ausgesprochenen obersten Zweck der Erhaltung des Mittelstandes stellte bei den damaligen Beratungen die Regierung ihrerseits den Grundgedanken entgegen, nicht steuerliche Ausnahmsregeln gegen ganze Gewerbekategorien zu treffen, die einer Prohibitivwirkung oder einer Strafeinschreitung gleichkämen, sondern lediglich für gewisse mit Mißbräuchen und Auswüchsen im Gewerbsleben verknüpfte Betriebsformen einen entsprechenden Steuerausgleich herbeizuführen. Die Regierung hob zur Begründung ihrer Stellungnahme besonders hervor, daß in Bayern der Übergang zum Großbetrieb in Handel und Gewerbe sich keinesfalls unter verwerflichen Formen oder unter Gefährdun ; der Wohlfahrt weiter Kreise vollzogen habe.

Sowohl aus den in der Begründung zum Gesetzentwurf (Beil. 555 S. 261 ff.) enthaltenen Ausführungen wie aus den Verhandlungen des Steuerausschusses des Landtags geht hervor, daß der der Steuer zugrunde liegende sozialpolitische Zweck nicht erreicht wurde. Der gesetzliche Höchstsatz von 3 Prozent des Umsatzes wurde beim Vollzug nie angewendet; der höchste, zur Anwendung gelangte Satz war 2½ Prozent, der regelmäßige Steuersatz bewegte sich zwischen 1 und 1½ Prozent. Hierzu traten noch die Gemeinde- und Kreisumlagen.

Mit Rücksicht auf diese anscheinend geringen Sätze hielt man den Nichteintritt der beabsichtigten Wirkung für erklärlich und forderte die Anwendung höherer Steuersätze, besonders im Hinblick darauf, daß die Steuer von den eigentlichen Steuerträgern vielfach abgewälzt wurde, vor allem auf die Lieferanten.

Eine vorübergehende Minderung der Warenhäuser trat zwar in den ersten Jahren der Wirksamkeit des Gesetzes ein; sie wurde aber bald durch eine Zunahme der Warenhäuser sowie durch Steigerung des Umsatzes derselben ausgeglichen.

Ein Antrag Dr. Jäger, Dr. Pichler und Genossen vom 7. Oktober 1905, der im Plenum der Abgeordnetenkammer nicht mehr zur Beratung gelangte, schlug eine gestaffelte Warenhausumsatzsteuer von ½—4 Proz. vor. Dieses Verlangen wurde von der Regierung als unerfüllbar bezeichnet, da bei Berücksichtigung der Zuschläge durch die Umlagen eine Gesamtbelastung herbeigeführt worden wäre, die mit dem reichsrechtlichen Grundsatz der Gewerbefreiheit nicht mehr im Einklang gestanden hätte, die Steuer hätte geradezu als Erdrosselung gewirkt.

In Zusammenhang mit der Reform der Staatssteuern wurde auch die Warenhaussteuer einer Neuregelung tunerworfen. Der Regierungsentwurf wurde in dem besonderen Ausschuß zur Beratung der Steuergesetzentwürfe in den Sitzungen vom 2.—4. März 1909 in erster und am 13. Mai 1909 in zweiter Lesung behandelt.

Berichterstatter war Abg. Buhl, Mitberichterstatter Abg. Giehrl.

Da der Entwurf die in der Kammer der Abgeordneten zum Ausdruck gekommene Tendenz zur Grundlage genommen hatte, bot er zu wesentlichen Änderungen keinen

Anlaß. Außer der Befreiung der gewerblichen Betriebe rechtsfähiger gemeinnütziger Genossenschaften von der Steuerpflicht (Art. 1 Abs. III) sollen hier nur 2 Punkte hervorgehoben werden. In Art. 6 hatte die Regierungsvorlage einen Rahmen von 1—7 Proz. vorgesehen, innerhalb dessen die Steuerbemessung den für die Veranlagung zuständigen Behörden nach bestimmten Gesichtspunkten überlassen sein sollte. Zur Ermöglichung einer größeren Gleichmäßigkeit in der steuerlichen Behandlung der Warenhäuser wurde nun an Stelle dieses Rahmens eine Staffelung nach der Größe des Geschäftsumsatzes vorgeschlagen und angenommen, die von 300 000 Mk. bis 6 000 000 Mk. Geschäftsumsatz 6 Stufen, jede mit einem Rahmen von 1 1/2—2 Proz., enthält; bei einem Geschäftsumsatz von über 6 000 000 Mk. beträgt der Rahmen 5—7 Proz.

Der Entwurf hatte ferner im Hinblick auf die Verschiedenheit der Wirkung und Wertschätzung der Warenhäuser in den einzelnen Gemeinden diesen die Möglichkeit gelassen, auf die Erhebung der Steuer ganz oder teilweise zu verzichten. Zur Vermeidung von Ungleichheiten und politischen Kämpfen beim Vollzug des Gesetzes beschloß der Ausschuß ohne Widerspruch der Regierung, den Steuerverzicht zu streichen und damit die Steuer für alle Gemeinden obligatorisch zu machen.

Dieser Beschluß wurde auch im Plenum gegenüber einem Antrag auf Wiederherstellung der Regierungsvorlage in diesem Punkte aufrechterhalten.

Die Beratungen im Plenum der Abgeordnetenkammer am 11. und 12. November 1909 (211. und 212. Sitzung) hatten die Annahme des Gesetzes mit 106 gegen 24 Stimmen zur Folge.

Die Kammer der Reichsräte (Ref. Graf von Stauffenberg) setzte die in Art. 6 Abs. III von der Abgeordnetenkammer neu eingefügte Höchstgrenze der Belastung der Warenhäuser von 30 auf 20 Proz. des gewerblichen Reinertrags herab, trat aber im übrigen den Beschlüssen der Abgeordnetenkammer bei. Entsprechend der veränderten

Vorschrift im Einführungsgesetz über das Inkrafttreten der Steuergesetze wurde auch der Eintritt der Wirksamkeit des Warenhaussteuergesetzes auf 1. Januar 1912 festgesetzt. (Ausschußberatungen vom 21. Februar und 30. April 1910; Plenarberatung vom 13. Mai 1910.) Die definitive Annahme des Gesetzes in der Abgeordnetenkammer mit 97 gegen 19 Stimmen und der Gesamtbeschluß erfolgte am 10. Juni 1910.

Die Warenhaussteuer ist, wie bisher, eine Umsatzsteuer. Die Besteuerung nach dem Reinertrag erscheint nicht zweckmäßig, da derselbe, wie die Erfahrung lehrte, trotz des großen Umsatzes verhältnismäßig gering ist; aber auch die Besteuerung nach dem Betriebskapital, das häufig wechselt und manche nicht ganz einwandfreie Geschäftspraktiken ermöglicht, galt für ausgeschlossen, sodaß eine steuerliche Erfassung des Ertrags nach der wirklichen Leistungsfähigkeit auf diesem Wege nicht möglich war. Diese Forderung wurde in annähernd richtiger Weise nur durch die Umsatzbesteuerung erfüllt. Vermöge dieses Charakters läßt sich die Warenhaussteuer schwer in das Staatssteuersystem eingliedern, weshalb sie auch aus diesem Grunde — abgesehen von der Deckung des gemeindlichen Finanzbedarfs — vollständig den Gemeinden überwiesen wird. Es ist daher auch die Durchführung des gesamten Veranlagungs- und Ausscheidungsverfahrens Sache der Gemeinden. Die Steuer tritt nunmehr selbständig neben die direkten Staatssteuern und die darauf treffenden Umlagen, während sie bisher eine Erhöhung der Gewerbsteuer bildete; eine Steigerung durch Umlagen findet also nicht mehr statt.

Die Voraussetzungen für die Steuerpflicht sind in Art. 1 Abs. I angeführt, denen sich eine beispielsweise Aufzählung der steuerpflichtigen Unternehmungen in Abs. II anschließt. Das Gesetz läßt eine weitgehende Differenzierung in der Belastung der Gewerbebetriebe zu; wenn auch innerhalb jeder Tarifstufe der Spielraum von 1½ bis 2 Proz. nicht allzuweit ist, ermöglicht er doch nach den in Art. 6 Abs. II angegebenen Gesichtspunkten eine gleichmäßige und billige Beurteilung der Leistungsfähigkeit des einzelnen Unternehmens. Diese Grundsätze entsprechen der Anweisung des § 14 Abs. II der Vollzugsvorschriften vom 27. August 1899 zum Gewerbesteuergesetz vom 9. Juni 1899.

Den allgemeinen Bestimmungen des Gesetzes liegt größtenteils das Einkommensteuergesetz, auf das mehrfach direkt verwiesen ist, zugrunde.

Die in Geltung gebliebenen Vorschriften über die Besteuerung der Wanderlager sind im Anhang beigefügt.

# Warenhaussteuergesetz

vom 14. August 1910.

(Ges.- und Verordnungsbl. 48.)

## Im Namen seiner Majestät des Königs

## Luitpold,

## von Gottes Gnaden Königlicher Prinz von Bayern, Regent.

Wir haben nach Vernehmung des Staatsrats mit Beirat und Zustimmung der Kammer der Reichsräte und der Kammer der Abgeordneten beschlossen und verordnen, was folgt:

### Steuerpflicht.

#### Art. 1.

#### Steuerpflichtige Betriebe.

I. Der Warenhaussteuer unterliegen gewerbliche Unternehmungen, deren Geschäftsbetrieb zur gewinnbringenden Verwertung größerer Betriebsmittel eine außergewöhnliche Ausdehnung hat und durch die Art des Geschäftsverfahrens von den Grundsätzen und Formen der üblichen Gewerbeausübung wesentlich abweicht.

II. Zu den gewerblichen Unternehmungen dieser Art zählen unter den angegebenen Voraussetzungen insbesondere:

1. Warenhäuser, Großmagazine, Großbazare, Abzahlungsgeschäfte, Versteigerungsgeschäfte und Versandgeschäfte, durch welche Waren, die nach ihrer Beschaffenheit verschiedenen Gattungen angehören oder als Erzeugnisse verschiedener Gewerbe- oder Handwerkszweige anzusehen sind, in größerem Umfange mittels Einzelverkaufs in offenen Verkaufsstellen feilgehalten oder im Wege des unmittelbaren Versandes an die Verbraucher veräußert werden,
2. Gewerbe der in Ziff. 1 bezeichneten Art, in denen der Betriebsumfang durch Haltung einer Mehrzahl von Verkaufsstellen oder Niederlagen für den Vertrieb der Waren oder Erzeugnisse außergewöhnlich erweitert ist.

III. Die Warenhaussteuerpflicht erstreckt sich nicht auf gewerbliche Betriebe rechtsfähiger gemeinnütziger Genossenschaften. Nicht als gemeinnützig gelten Genossenschaften, die satzungsgemäß die Einzahlungen der Mitglieder mit mehr als 5 Prozent verzinsen oder den Mitgliedern im Falle der Auflösung mehr als die Einzahlungen ausantworten.

IV. Die Warenhaussteuerpflicht beschränkt sich auf den Gewerbebetrieb, der in Bayern stattfindet.

## Art. 2.

### Steuerpflichtige Personen.

I. Warenhaussteuerpflichtig ist derjenige, auf dessen Rechnung das Gewerbe betrieben wird. (Unternehmer.)

II. Die Vorschriften der Artt. 2 Abs. II, 4, 5 des Gewerbesteuergesetzes finden entsprechende Anwendung.

## Steuerberechtigung.

### Art. 3.

### Gemeindliche Steuerberechtigung; Betriebsstätte.

I. Die Warenhaussteuer fließt in die Kasse der Gemeinde, in der eine Betriebsstätte zur Ausübung des Gewerbes unterhalten wird.

II. Betriebsstätte im Sinne dieses Gesetzes ist jede feste örtliche Anlage oder Einrichtung, die der Ausübung des Vertiebs dient. Außer dem Hauptsitz eines Betriebs gelten hiernach als Betriebsstätten:

Zweigniederlassungen,
Fabrikationsstätten, Ein- und Verkaufsstellen,
Niederlagen,
Kontore
und sonstige zur Ausübung des Gewerbes durch den Unternehmer selbst, dessen Geschäftsteilhaber, Prokuristen oder andere ständige Vertreter unterhaltene Geschäftseinrichtungen.

### Art. 4.

### Steuerberechtigung mehrerer Gemeinden.

I. Kommen nach Art. 3 mehrere Gemeinden in Betracht, so ist jede dieser Gemeinden anteilsweise steuerberechtigt. Die Berechnung der Anteile geschieht dadurch, daß die Warenhaussteuer ausgeschieden wird.

II. Die Ausscheidung erfolgt nach dem Verhältnis, in dem die Gewerbesteuer (Betriebskapitalsanlage und Ertragsanlage zusammengerechnet) ausgeschieden ist.

## Steuerbetrag.

### Art. 5.

### Steuerberechnung.

I. Die Warenhaussteuer ist nach der Gesamtroheinnahme des warenhaussteuerpflichtigen Gewerbebetriebs (dem Geschäftsumsatze) zu berechnen.

II. Auf die Bemessung des Geschäftsumsatzes finden die Vorschriften der Art. 10 Abs. IV, 14 Abs. II bis IV des Einkommensteuergesetzes über die Ermittelung der Einkünfte aus Gewerbebetrieb entsprechende Anwendung.

### Art. 6.

### Steuertarif.

I. Die Warenhaussteuer beträgt bei einem Geschäftsumsatze

| | | | | | |
|---|---|---|---|---|---|
| | bis zu | 300,000 M. | 1 | bis | 2½ %, |
| von mehr als | | | | | |
| 300,000 M. | bis zu | 500,000 M. | 1½ | bis | 3 %, |
| 500,000 " | " " | 1'000,000 " | 2 | " | 3½ %, |
| 1'000,000 " | " " | 2'000,000 " | 2½ | " | 4 %, |
| 2'000,000 " | " " | 4'000,000 " | 3 | " | 5 %, |
| 4'000,000 " | " " | 6'000,000 " | 4 | " | 6 %, |
| 6'000,000 " | . . . | . . . . | 5 | " | 7 %. |

II. Für die Bemessung der Warenhaussteuer innerhalb dieser Rahmen ist der Geschäftsumfang des Unternehmens, die Vielzahl der geführten Waren, die Zahl der Zweiggeschäfte, die Art der Geschäftsausübung und die Rückwirkung auf die anderen Gewerbe in Betracht zu ziehen.

III. Beträgt die nach Abs. I, II bemessene Warenhaussteuer mehr als 20 Prozent des gewerblichen Reinertrags (Gewerbesteuergesetz Art. 10), so ist sie auf diesen Betrag, keinesfalls aber auf weniger als 1 Prozent des Geschäftsumsatzes herabzusetzen.

## Steuerveranlagung, Steuerausscheidung.

### Art. 7.

I. Die Veranlagung und, im Falle des Art. 4, die Ausscheidung der Warenhaussteuer erfolgen durch die Verwaltung der Gemeinde, in der sich der Sitz des Unternehmens befindet.

II. Befindet sich der Sitz des Unternehmens außerhalb Bayerns, so erfolgen die Veranlagung und die Ausscheidung durch die Verwaltung der Gemeinde, in welcher der Warenhaussteuerpflichtige zur Gewerbesteuer zu veranlagen ist.

## Steuererklärung.

### Art. 8.

### Erklärungspflicht.

I. Jeder Unternehmer eines warenhaussteuerpflichtigen Betriebs hat auf öffentliche Aufforderung eine Warenhaussteuererklärung abzugeben.

II. Für die Abgabe der Erklärung durch Vertreter oder Bevollmächtigte gelten die Vorschriften des Art. 14 Abs. II bis IV des Gewerbesteuergesetzes.

### Art. 9.

### Aufforderung zur Erklärungsabgabe.

I. Die öffentliche Aufforderung zur Abgabe der Warenhaussteuererklärung wird, wenn nötig, von der Gemeindeverwaltung erlassen, und zwar in Verbindung mit der Aufforderung zur Abgabe der Gewerbesteuererklärung (Gewerbesteuergesetz Art. 15 Abs. I).

II. An Stelle der öffentlichen Aufforderung sowie neben oder nach ihr kann auch eine besondere Aufforderung erlassen werden. In dieser ist für die Abgabe der Warenhaussteuererklärung eine Frist von mindestens zwei Wochen vorzusetzen.

Art. 10.

## Abgabe, Inhalt der Erklärung.

I. Die Warenhaussteuererklärung ist bei der Gemeindeverwaltung, die für die Veranlagung zuständig ist (Art. 7), schriftlich oder zu Protokoll unter der Versicherung abzugeben, daß die Angaben nach bestem Wissen und Gewissen gemacht sind.

II. Die Warenhaussteuererklärung hat insbesondere die Angabe des Geschäftsumsatzes zu enthalten. Die Staatsregierung ist ermächtigt, für die Warenhaussteuererklärung ein Formular vorzuschreiben.

## Veranlagungs- und Ausscheidungsverfahren.

Art. 11.

## Mitwirkung der Gemeinde.

I. Die Gemeindeverwaltung prüft die Steuererklärung und pflegt die etwa erforderlichen Ergänzungsverhandlungen.

II. Die Veranlagung und die Ausscheidung der Warenhaussteuer erfolgen in geheimer Sitzung.

III. Das Ergebnis der Veranlagung und Ausscheidung ist nach näherer Bestimmung der Staatsregierung in Steuerlisten auszuweisen. Schriftliche Eröffnung darüber ist den Beteiligten unter Hinweis auf das Beschwerderecht (Art. 12) zuzustellen.

IV. Im übrigen finden auf das Veranlagungs- und Ausscheidungsverfahren die Vorschriften der Art. 34, 35, 42 Abs. IV bis VI, 45 bis 47 des Einkommensteuergesetzes entsprechende Anwendung.

## Rechtsmittel.

Art. 12.

## Beschwerde; Frist.

I. Gegen die Veranlagung und Ausscheidung der Warenhaussteuer findet Beschwerde an die unmittelbar vorgesetzte Verwaltungsbehörde statt.

II. Gegen die Entscheidung der unmittelbar vorgesetzten Verwaltungsbehörde ist Beschwerde an den Verwaltungsgerichtshof zulässig.

III. Die Beschwerden (Abs. I, II) haben keine aufschiebende Wirkung.

IV. Wird eine Steuerveranlagung von einer Rechtsmittelinstanz abgeändert, so ist von dieser nötigenfalls zugleich die Steuerausscheidung zu berichtigen.

V. Die Frist für die Einlegung der Beschwerden (Abs. I, II) beträgt einen Monat. Im übrigen gelten für die Beschwerden die Vorschriften des Abschnitts II des Gesetzes vom 8. August 1878, betreffend die Errichtung eines Verwaltungsgerichtshofes und das Verfahren in Verwaltungsrechtssachen. Die Wiederaufnahme des Verfahrens (Art. 26 daselbst) findet auch gegenüber dem Beschlusse der Gemeindeverwaltung statt.

## Veranlagungsperioden.

### Art. 13.

### Steuerjahr.

I. Die allgemeine Veranlagung zur Warenhaussteuer erfolgt für ein Rechnungsjahr (Steuerjahr).

II. Die hierbei aufgestellten Steuerlisten bilden vorbehaltlich der rechnerischen Prüfung die Einhebungsgrundlage für das Steuerjahr.

## Steuerzugänge, Steuerabgänge.

### Art. 14.

### Zugänge, Abgänge, Wechsel des Unternehmers.

I. Für warenhaussteuerpflichtige Betriebe, die im Laufe des Steuerjahrs neu entstehen, erfolgt die Steuerveranlagung mit Wirkung vom nächsten Monat an.

II. Das Gleiche gilt für die Abschreibung erloschener Betriebe.

III. Wechselt im Laufe des Steuerjahrs die Person des Unternehmers eines warenhaussteuer pflichtigen Betriebs, so findet nur eine Namensumschreibung in der Steuerliste statt. Tritt dabei eine Teilung des bisher einheitlich veranlagten Betriebs unter verschiedene Unternehmer ein, so ist die Warenhaussteuer auf diese mit Wirkung vom nächsten Monat an entsprechend auszuscheiden.

IV. Die Vorschriften der Art. 7 bis 13 finden entsprechende Anwendung. Nähere Bestimmungen, insbesondere über die Abgabe der Steuererklärung, trifft die Staatsregierung.

## Steuerfälligkeit, Steuereinhebung.

### Art. 15.

### Fälligkeit, Entrichtung.

I. Die Warenhaussteuer wird am 1. Januar, bei späterer Entstehung des Schuldverhältnisses am Tage der Entstehung fällig.

II. Den Zeitpunkt der Entrichtung bestimmt die Gemeindeverwaltung.

III. Die Einhebung der Warenhaussteuer erfolgt durch die Gemeinden.

## Steuernachholung.

### Art. 16.

I. Auf die Nachholung von Warenhaussteuerbeträgen, die zu Unrecht nicht erhoben worden sind, finden die Vorschriften des Art. 72 Abs. I bis IV des Einkommensteuergesetzes entsprechende Anwendung.

II. Die nachträgliche Veranlagung und Ausscheidung der Warenhaussteuer erfolgt durch die

Gemeindeverwaltung nach Maßgabe der Art. 7, 11. Für die Rechtsmittel gelten die Vorschriften des Art. 12.

## Strafbestimmungen.

### Art. 17.

### Geldstrafe.

I. Wer auf die besondere Aufforderung zur Abgabe der Warenhaussteuererklärung (Art. 9 Abs. II) diese ohne genügenden Entschuldigungsgrund nicht rechtzeitig abgibt, wird mit Geldstrafe von einer bis dreihundert Mark bestraft.

II. Im übrigen finden die Vorschriften der Art. 74, 75, 77, 78, 80 Abs. III, IV des Einkommensteuergesetzes entsprechende Anwendung.

### Art. 18.

### Zuständigkeit, Verfahren.

I. Die Zuständigkeit und das Verfahren bei strafbaren Handlungen (Art. 17) richten sich nach den Vorschriften des Reichs-Gerichtsverfassungsgesetzes und der Reichs-Strafprozeßordnung.

II. Die Gemeindeverwaltungen sind berechtigt, Strafbescheide im Verwaltungswege zu erlassen; auf das Verfahren hierbei finden die Vorschriften der Art. 86, 87 Abs. I, 88 Abs. I, 89 Abs. I bis III, V, 90, 91, 92 Abs. II des Gesetzes vom 18. August 1879 zur Ausführung der Reichs-Strafprozeßordnung entsprechende Anwendung.

### Art. 19.

### Anspruch der Gemeindekasse auf die Geldstrafen.

Die Geldstrafen (Art. 17 Abs. I, II) fließen in die Kasse der Gemeinde, deren Steuer durch die strafbare Handlung gefährdet wird. Gefährdet eine strafbare Handlung die Steuern mehrerer Gemeinden, so bemessen sich deren Anteile an der Geldstrafe nach dem Verhältnisse der gefährdeten Beträge.

## Schlußbestimmungen.

### Art. 20.

### Änderung des Verwaltnngsgerichtsgesetzes.

Im Art. 8 Ziff. 31 Satzteil 1 und 3 des Gesetzes vom 8. August 1878, betreffend die Errichtung eines Verwaltungsgerichshofes und das Verfahren in Verwaltungsrechtssachen wird nach dem Worte „Verbrauchssteuern" das Wort „Warenhaussteuern" eingeschaltet.

### Art. 21.*)

### Wanderlagersteuer.

I. Die Steuer für den Wanderlagerbetrieb (Gesetz vom 19. März 1879 und 20. Dezember 1897, betreffend die Besteuerung des Gewerbebetriebs im Umherziehen, Art. 15) wird als staatliche Steuer wie bisher forterhoben. Ihre Erträgnisse werden jedoch vom Rentamt an die Gemeinde des Betriebsorts abgeliefert.

II. Das Staatsministerium der Finanzen ist ermächtigt, über die Ablieferung und über die Vergütung hierfür nähere Bestimmungen zu treffen.

### Art. 22.

### Inkrafttreten des Gesetzes.

Dieses Gesetz tritt bezüglich der Vorschriften zur Durchführung der Steuerveranlagung mit der

*) Siehe Anhang.

Verkündigung, im übrigen am 1. Januar 1912 in Kraft.

Gegeben zu Hohenschwangau, den 14. August 1910.

**Luitpold,**
**Prinz von Bayern,**
des Königreichs Bayern Verweser.

**Dr. Frhr. v. Podewils. Dr. v. Miltner. Dr. v. Wehner. v. Frauendorfer. Dr. v. Pfaff. Frhr. v. Horn. v. Brettreich.**

Auf Allerhöchsten Befehl:
Der Ministerialrat
im K. Staatsministerium des Innern
Knözinger.

# Anhang.

## Zu Art. 22.

Die Besteuerung des Gewerbebetriebs im Umherziehen ist in Bayern durch das Gesetz vom 19. März 1879/20. Dezember 1897 (GVBl. 1897 S. 424) geregelt. Von der Besteuerung der Wanderlager handelt Art. 15. Dieser Artikel lautet:

„Hinsichtlich der Besteuerung der Wanderlager gelten folgende Vorschriften:

1. Wer außerhalb seines Wohnortes oder des Wohnortes des Unternehmers und außer dem Meß- und Marktverkehr von einer festen Verkaufsstätte aus vorübergehend Waren, gleichviel ob zum Verkaufe aus freier Hand oder im Wege der Versteigerung feilbietet, bezw. feilbieten läßt, ist für jeden Ort des Betriebs gesondert der Steuer vom Gewerbebetrieb im Umherziehen unterworfen.
2. Die Entscheidung darüber, ob ein feilgebotenes Warenlager nach den unter Ziff. 1 gegebenen Merkmalen als Wanderlager anzusehen ist, richtet sich nach den tatsächlichen Verhältnissen des Gewerbebetriebs, und es ist für dieselbe der Umstand, daß der Betrieb nach § 14 der Gewerbeordnung als ein stehender angemeldet wurde, ebensowenig wie die vorübergehende Verlegung des Wohnsitzes in den Betriebsort maßgebend.
3. Die Steuer für den Wanderlagerbetrieb besteht in einer Normalanlage und einer Betriebsanlage. Die Größe der Normalanlage bemißt sich nach dem beigefügten Steuertarif*). Die Bemessung der Betriebsanlage erfolgt mit zwei vom Hundert des angemeldeten und durch Schätzung er-

---

*) Nach Ziff. 9 des Steuertarifs beträgt die Normalanlage für „Wanderlager und Wanderauktionen jeder Art" 50 M.

hobenen Geldwertes der für den Betriebsort zum Verkaufe bestimmten Warenvorräte.

4. Von der Jahressteuer hat der Steuerpflichtige bei einem Geschäftsbetrieb auf die Dauer von 14 Tagen und darunter die Hälfte, auf die Dauer von mehr als 14 Tagen und bis zu 30 Tagen drei Vierteile, auf die Dauer von mehr als 30 Tagen und bis zu einem Jahr den vollen Betrag zu entrichten und zwar vor dem Beginn des Geschäfts.

5. Jeder Unternehmer eines Wanderlagers ist gehalten, dasselbe vor Eröffnung des Betriebs bei der Gemeindebehörde des Betriebsortes anzumelden und sich für die jeweilige Betriebsdauer mit einem Nachweise über die Festsetzung der Steuer und deren Einrichtung zu versehen (Art. 9).

Das Gleiche gilt für Auktionatoren und Inhaber von Lizitationsanstalten, wie sie am Sitze ihrer gewerblichen Niederlassung für auswärtige Auftraggeber Waren versteigern oder überhaupt feilbieten. Sie sind verpflichtet, auf Verlangen den Eigentümer der durch sie feilgebotenen oder zur Versteigerung gelangenden Waren nachzuweisen.

6. Die Festsetzung der Steuer nach vorgängiger Erhebung des Geldwerts der Warenvorräte (Art. 14 Abs. 3) und die Einhebung der Steuer steht ohne Rücksicht auf den Wohnort des Unternehmers demjenigen Rentamte zu, in dessen Bezirk sich der Betriebsort des Wanderlagers befindet.

7. Will ein Wanderlagerinhaber den Betrieb über einen Zeitraum, für welchen er die Steuer bezahlt hat (Ziff. 4), ohne Unterbrechung ausdehnen, so ist dies dem Rentamte anzuzeigen, und ist unter Ausfertigung eines abgeänderten Besteuerungsnachweises die Steuerschuldigkeit

für die ganze Dauer des Betriebes neu festzustellen und sofort der sich hiernach ergebende Mehrbetrag der Steuer zu erheben.

8. Wenn während des Zeitraums, für welchen die Steuer entrichtet worden ist, die Warenvorräte einen Zuwachs erhalten, so ist dies dem Rentamte anzuzeigen, worauf unter Ausfertigung eines abgeänderten Besteuerungsnachweises die Steuer neu festgestellt und mit dem sich ergebenden Mehrbetrage erhoben wird.

9. Der Rentbeamte ist ermächtigt, jederzeit von dem Wanderlager und den darin feilgebotenen Warenvorräten behufs der Steuerkontrolle Einsicht zu nehmen oder zu dem gleichen Zwecke einen Stellvertreter oder Sachverständigen abzuordnen.

10. Steuererstattungen an Wanderlagerinhaber finden nur dann statt, wenn wegen unvorhergesehener, von dem Willen des Steuerpflichtigen unabhängiger Ereignisse der Beginn des Gewerbebetriebs unterblieb und der Besteuerungsnachweis innerhalb einer Woche nach dessen Ausstellung dem Rentamte zurückgegeben wird.

11. Im übrigen finden die in Art. 10, 11, 13 Abs. 3 und 14 Abs. 2 des gegenwärtigen Gesetzes gegebenen Vorschriften*) auch hinsichtlich des Betriebs von Wanderlagern sinngemäße Anwendung.

Die Kosten einer vom Rentamte angeordneten Schätzung (Ziff. 6 u. 8 oben, dann Art. 14 Abs. 3) fallen dem Inhaber des Wanderlagers zur Last, wenn der geschätzte Wert den vom Unternehmer beim Rentamte angegebenen übersteigt."

---

*) Diese Vorschriften betreffen Einzelheiten des Vollzugs und der Kontrolle, die für das gegenwärtige Gesetz nicht von Belang sind.

## II.

# Besitzveränderungsabgabengesetz.

## Besitzveränderungsabgabengesetz.

Das Gesetz vom 15. Juni 1898, die Einführung einer Besitzveränderungsabgabe für die Gemeinden betreffend, hatte den Gemeinden die Ermächtigung gegeben, mit Genehmigung des Ministeriums des Innern bei Veränderungen im Besitz oder Eigentum von Grundstücken eine örtliche Abgabe im Betrage von einem Viertel der staatlichen Besitzveränderungsgebühr bezw. des Gebührenäquivalents in Form eines Zuschlags zu erheben.

Die staatliche Gebühr beträgt:

1% bis zu einem Wert von 1000 Mk.
1½% bei einem Wert von 1000—2000 Mk.
2% „ „ „ „ über 2000 Mk.

Die Erfahrungen, die mit dieser Steuer gemacht wurden, ließen nirgends eine drückende Wirkung erkennen, ebensowenig wie aus anderen deutschen Bundesstaaten, die derartige Umsatzsteuern, teilweise mit Kreis- oder Gemeindezuschlägen, erhoben, besondere Klagen laut wurden. Mit Rücksicht hierauf glaubte die Regierung anläßlich der Reform der direkten Staatssteuern eine Neuregelung und zwar eine Erhöhung der bisherigen Abgabensätze im Interesse der Gemeindefinanzen vornehmen zu können. Der von der Regierung dem Landtage, zunächst der Kammer der Abgeordneten vorgelegte Entwurf wurde in dem besonderen (XIX.) Ausschuß zur Beratung der Steuergesetzentwürfe in 1. Lesung in 2 Sitzungen am 6. und 9. Februar 1909 behandelt. Referent: Abgeordneter Dr. Matzinger, Korreferent: Abgeordneter Meußdoerffer.

Die Beratungen ergaben keine wesentlichen Aenderungen, sondern lediglich Ergänzungen des Entwurfs; so wurde Art. 4 und in Zusammenhang damit Art. 8 Abs. II neu eingefügt, und in Art. 7 Abs. I bei Ausfall an Gebühren die verhältnismäßige Tragung durch Staat und Gemeinde ausgesprochen.

Die Abstimmung in 1. Lesung ergab die Annahme des Entwurfs mit 22 gegen 4 Stimmen, ebenso in 2. Lesung, die eine Aenderung nicht brachte, mit 20 gegen 3 Stimmen.

Das Plenum der Abgeordnetenkammer behandelte den Entwurf in der 211. Sitzung vom 11. November 1909. Es wurden zwar lebhafte Bedenken gegen die Steuer geäußert, besonders deshalb, weil sie keine Rücksicht auf Schulden und Leistungsfähigkeit des Pflichtigen nehme und leicht auf den Mieter abgewälzt werden könne, also unsozial und in der Richtung einer Verteuerung der Wohnungen wirke. Auch die Reichsstempelabgabe für Grundbesitzveränderungen und die befürchtete Reichswertzuwachssteuer erhöhten die Bedenken Eine Aenderung wurde jedoch nicht beantragt und der Entwurf in der Fassung der Ausschußbeschlüsse mit 121 gegen 18 Stimmen angenommen.

Die Kammer der Reichsräte hatte als Referent den Reichsrat Freiherrn von Würtzburg aufgestellt.

Die Behandlung im Steuerausschuß der Kammer der Reichsräte (1. Lesung am 22. Februar 1910, 2. Lesung am 30. April 1910) hatte eine Aenderung des Entwurfs nicht zur Folge. In der namentlichen Abstimmung wurde der Entwurf mit allen gegen eine Stimme angenommen. Das gleiche Resultat hatte die Plenarsitzung vom 13. Mai 1910.

Das Schwergewicht des neuen Gesetzes liegt darin, daß der gemeindliche Zuschlag, dessen Erhebung den Gemeinden nach wie vor unter Staatsaufsicht freisteht, auf das doppelte erhöht wird, also bis zu 1% des Gegenstandswertes. Während ferner nach dem bisherigen Gesetz der gemeindliche Zuschlag nur bei Besitzveränderungen von Grundstücken erhoben wurde, erstreckt er sich nun auch auf die grundstücksgleichen Rechte, die bisher lediglich mit der Staatsgebühr erfaßt wurden. Auch wird die Gemeindeabgabe nunmehr schon beim Vertragsschluß fällig und nicht erst, wie vorher, beim Eigentumsübergang.

Eine Befreiung von der gemeindlichen Abgabe ist vorgesehen für Besitzveränderungen zwischen nahen Verwandten und Verlobten, ferner für rechtsfähige, gemeinnützige Vereinigungen, die die Erbauung, Beschaffung oder Verbesserung von Wohnungen für die minderbemittelte Bevölkerung bezwecken (Art. 6). Der Staat verliert sein bisheriges Privileg der Abgabenfreiheit, das lediglich auf Besitzveränderungen solcher Grundstücke und Rechte beschränkt wird, die unmittelbar zur Erfüllung öffentlicher Aufgaben bestimmt sind (Art. 5). Eine wichtige wirtschaftspolitische Tendenz enthält Art. 4, der eine Ausnahmebestimmung für gewerbsmäßige Güterzertrümmerer festsetzt, die auf jeden Fall den Höchstsatz der Gemeindeabgabe zahlen müssen, auch wenn die Steuer an dem betr. Ort gar nicht oder zu geringerem Satze eingeführt ist. Für gemeinnützige Genossenschaften oder für Güterzertrümmerungen zum Zweck einer Nachlaßregelung findet jedoch diese Bestimmung keine Anwendung.

Mit Rücksicht auf die Finanznot der Gemeinden im Allgemeinen und auf den am 1. April 1910 erfolgten Wegfall der Lebensmittelaufschläge tritt das Gesetz sofort mit der Verkündigung in Kraft.

# Besitzveränderungsabgabengesetz

vom 14. August 1910.

(Ges.- u. Verordn.-Bl. Nr. 40.)

## Im Namen Seiner Majestät des Königs.

## Luitpold,

### von Gottes Gnaden Königlicher Prinz von Bayern, Regent.

Wir haben nach Vernehmung des Staatsrats mit Beirat und Zustimmung der Kammer der Reichsräte und der Kammer der Abgeordneten beschlossen und verordnen, was folgt:

Art. 1.

I. Die Gemeinden sind befugt, zu den Gebühren der Artt. 118 Abs. IV, 146, 149 Abs. I Satz 2, 252, 258 des Gesetzes über das Gebührenwesen Zuschläge als gemeindliche Abgaben (Besitzveränderungsabgaben) zu erheben.

II. Die Besitzveränderungsabgabe ist nach einem Bruchteile der Gebühr einheitlich zu bemessen; der Bruchteil darf die Hälfte nicht überschreiten.

Art. 2.

I. Die Befugnis zur Erhebung der Besitzveränderungsabgabe steht der Gemeinde zu, in der das Grundstück liegt oder das Recht besteht, auf das sich die Staatsgebühr bezieht.

II. Bei Tauschverträgen über Grundstücke oder Rechte, die in verschiedenen Gemeinden liegen oder bestehen, verteilt sich die Befugnis zur Abgabenerhebung auf diese Gemeinden nach dem Verhältnisse des Wertes der einzelnen Grundstücke oder Rechte.

### Art. 3.

I. Die Einführung der Besitzveränderungsabgabe und die Bestimmung ihrer Höhe erfolgen durch Beschluß der Gemeindeverwaltung unter Genehmigung des Staatsministeriums des Innern.

II. Der Beschluß bedarf in Gemeinden mit städtischer Verfassung der Zustimmung der Gemeindebevollmächtigten, in Landgemeinden rechts des Rheins der Zustimmung der Gemeindeversammlung.

### Art. 4.

I. Wenn ein gewerbsmäßiger Händler mit ländlichen Grundstücken in Ausübung seines Gewerbes ein Grundstück oder ein Recht im eigenen Namen oder als Vertreter eines anderen erwirbt oder veräußert, so ist die Besitzveränderungsabgabe in Höhe der Hälfte der Staatsgebühr auch dann zu erheben, wenn die Abgabe in der Gemeinde nicht oder nur mit einem geringeren Satze eingeführt ist.

II. Die Vorschrift des Abs. I findet keine Anwendung

1. wenn das Grundstück oder das Recht zu einem Nachlaß oder zu dem Gesamtgut einer ehelichen oder fortgesetzten Gütergemeinschaft gehört und die Veräußerung zum Zwecke der Verwertung oder der Auseinandersetzung des Nachlasses oder des Gesamtguts erfolgt,
2. gegenüber gemeinnützigen Genossenschaften. Nicht als gemeinnützig gelten Genossenschaften, die satzungsgemäß die Einzahlungen der Mitglieder mit mehr als 5 Prozent verzinsen oder den Mitgliedern im Falle der Auflösung mehr als die Einzahlungen ausantworten.

Art. 5.

I. Die Besitzveränderungsabgaben, die den Gebühren der Art. 118, 146, 149, 252 des Gesetzes über das Gebührenwesen zugeschlagen werden, sind auch dann zu entrichten, wenn die Gebühren deshalb nicht erhoben werden, weil sie aus der Reichs- oder Staatskasse zu bezahlen wären. Eigentums- oder Rechtsübergänge auf das Reich oder den Staat sind jedoch von der Besitzveränderungsabgabe befreit, wenn die übergehenden Grundstücke oder Rechte unmittelbar zur Erfüllung öffentlicher Aufgaben zu dienen bestimmt sind.

II. Die Berechnung der Besitzveränderungsabgaben, die vom Reiche oder Staate zu entrichten sind, erfolgt

1. bei Übergängen auf Grund zweiseitiger Verträge aus den Gebühren, die zu erheben wären, wenn der andere Vertragsteil sie zu entrichten hätte,
2. bei anderen Übergängen aus den Gebühren, die anzusetzen wären, wenn die Vorschrift des Art. 3 Ziff. 2 des Gesetzes über das Gebührenwesen nicht bestünde.

Art. 6.

Von der Besitzveränderungsabgabe sind befreit:

1. Eigentums- oder Rechtsübergänge zwischen Ehegatten oder Geschwistern,
2. Eigentums- oder Rechtsübergänge zwischen Verwandten oder Stiefverwandten in gerader Linie, und zwar auch insoweit, als neben den Verwandten oder Stiefverwandten der absteigenden Linie die Ehegatten oder Verlobten beteiligt sind.
3. Eigentums- oder Rechtsübergänge auf rechtsfähige gemeinnützige Vereinigungen, die sich mit der Erbauung, Beschaffung oder Verbesserung von Wohnungen für die minderbemittelte Bevölkerung befassen. Nicht als gemeinnützig gelten

Vereinigungen, die satzungsgemäß die Einzahlungen der Mitglieder mit mehr als 4 Prozent verzinsen oder den Mitgliedern im Falle der Auflösung mehr als die Einzahlungen ausantworten.

### Art. 7.

I. Die Besitzveränderungsabgaben werden von den Behörden eingehoben, denen die Einhebung der entsprechenden Gebühren obliegt. Werden beide Gefälle nicht vollständig eingebracht, so ist der Ausfall vom Staate und von der Gemeinde verhältnismäßig zu tragen.

II. Das Staatsministerium der Finanzen ist ermächtigt, über die Einhebung und Ablieferung sowie über die Vergütung hierfür nähere Bestimmungen zu treffen.

### Art. 8.

I. Im übrigen finden die gesetzlichen Vorschriften über die Gebühren, denen die Besitzveränderungsabgaben zugeschlagen werden, auf diese entsprechende Anwendung.

II. Die im Art. 292 des Gebührengesetzes vorgesehene persönliche Haftung des Notars tritt für die im Art. 4 bestimmte Abgabe nur dann ein, wenn dem Notar bekannt war, daß der Beteiligte ein gewerbsmäßiger Händler mit ländlichen Grundstücken ist; die Vorschriften des Art. 293 des Gebührengesetzes gelten für die im Art. 4 bestimmte Abgabe nicht.

III. Die Befugnis des Staatsministeriums der Finanzen zur Gebührenstundung und zur Gewährung von Gebührennachlässen erstreckt sich auch auf die Besitzveränderungsabgaben.

Art. 9.

Das Gesetz vom 15. Juni 1898, die Einführung einer Besitzveränderungsabgabe für Gemeinden betr., tritt außer Kraft. Die gemeindlichen Beschlüsse, durch welche die Besitzveränderungsabgabe auf Grund jenes Gesetzes eingeführt worden ist, bleiben jedoch bis zu ihrer anderweitigen Beseitigung mit der Maßgabe in Wirksamkeit, daß für die Abgabe fortan die Vorschriften des gegenwärtigen Gesetzes bestimmend sind.

Gegeben zu Hohenschwangau, den 14. August 1910

**Luitpold,**
**Prinz von Bayern,**
des Königreichs Bayern Verweser.

**Dr. Frhr. v. Podewils. Dr. v. Miltner. Dr. v. Wehner. v. Frauendorfer. Dr. v. Pfaff. Frhr. v. Horn. v. Brettreich.**

Auf Allerhöchsten Befehl:
Der Ministerialrat
im K. Staatsministerium des Innern:
Knözinger.

# Vollzugsvorschriften
## zum Besitzveränderungsabgabengesetz.

Zum Vollzuge des Besitzveränderungsabgabengesetzes vom 14. August 1910 (GVBl. S. 433) wird folgende Anweisung erteilt.

### Zu Art. 1.

1.

Die Besitzveränderungsabgaben sind gemeindliche Zuschläge „zu den Gebühren der Art. 118 Abs. IV, 146, 149 Abs. I Satz 2, 252, 258 des Gebührengesetzes".

Die Gebühren der bezeichneten Artikel werden nicht nur in den Fällen dieser Artikel selbst, sondern auch in Fällen anderer Artikel des Gebührengesetzes erhoben. Die Befugnis zur Erhebung der Besitzveränderungsabgabe erstreckt sich daher, wie in der Begründung zum Entwurfe des Besitzveränderungsabgabengesetzes ausdrücklich hervorgehoben ist, auch auf alle diese Fälle.

Die Befugnis zur Erhebung der gemeindlichen Besitzveränderungsabgabe besteht hiernach in den Fällen folgender Artikel des Gebührengesetzes (GVBl. 1910 S. 312 ff.), soweit es sich dabei um Grundstücke oder grundstücksgleiche Rechte handelt:

Art. 10: Versteigerungsprotokoll im Falle der Erteilung des Zuschlags,*)

Art. 14: Vergleich, Vereinbarungen und Erklärungen im Zwangsversteigerungsverfahren, notarielle

*) Vgl. dazu Art. 301 (Anwendung des älteren Rechtes bis zur Anlegung des Grundbuchs).

Beurkundung oder Beglaubigung der Abtretung der Rechte aus dem Meistgebot usw.,

Art. 25: gütliche Einigung im Zwangsenteignungsverfahren vor der Distriktsverwaltungsbehörde,*)

Art. 60: Eintragung ins Handelsregister bei Verträgen oder Beschlüssen über die Errichtung von Aktiengesellschaften, von Kommanditgesellschaften auf Aktien oder von Gesellschaften mit beschränkter Haftung oder über die Erhöhung des Aktien-, Grund- oder Stammkapitals;

Verlegung des Sitzes einer solchen Gesellschaft nach Bayern u. dgl.,

Art. 104 Abs. III: Verzicht eines anteilsberechtigten Abkömmlinges auf den Anteil an der fortgesetzten Gütergemeinschaft,

Art. 118 Abs. I—III: Entgegennahme der Auflassung eines Grundstücks oder der Bestellung oder Übertragung eines grundstücksgleichen Rechtes durch das Grundbuchamt, wenn keine Urkunde vorliegt, die schon nach Art. 146 zu bewerten war,

Art. 118 Abs. IV, V: Berichtigung des Grundbuchs durch Eintragung eines Miterben als Alleineigentümers eines Nachlaßgegenstandes infolge der Übertragung des Anteils eines anderen Miterben;

Berichtigung des Grundbuchs durch Eintragung des überlebenden Ehegatten als Allein eigentümer des Gesamtguts der fortgesetzten Gütergemeinschaft infolge des Verzichts eines anteilsberechtigten Abkömmlinges;

Umschreibung im Hypothekenbuch in den gleichen Fällen (Änderungsgesetz zum Gebührengesetze vom 20. August 1906 Art. V, GVBl. S. 573),

---

*) Vgl. dazu Art. 302 (Anwendung des älteren Rechtes bis zur Anlegung des Grundbuchs.

Art. 118 a: Entgegennahme des Antrags, ein Grundstück oder grundstücksgleiches Recht einer Gesellschaft auf den Namen eines Gesellschafters umzuschreiben, durch das Grundbuchamt,

Art. 146: Vertrag, durch den sich jemand verpflichtet, das Eigentum an einem Grundstücke zu übertragen oder ein grundstücksgleiches Recht zu bestellen oder zu übertragen,

Art. 146 a: Beurkundung der Übertragung der Rechte des Erwerbers aus einem Vertrage der im Art. 146 bezeichneten Art u. dgl.,

Art. 147, 148: Vertrag über die Auseinandersetzung in Ansehung eines Nachlasses oder in Ansehung des Gesamtguts einer Gütergemeinschaft,

Art. 149 Abs. I Satz 2, Abs. II: Übertragung des Anteils eines Miterben an einem Nachlaß und Verzicht eines Abkömmlinges auf seinen Anteil an der fortgesetzten Gütergemeinschaft, wenn dadurch der Erwerber des Anteils sämtliche Anteile in sich vereinigt,

Art. 150: Beurkundung der Auflassungserklärung, wenn keine Urkunde vorliegt, die schon nach Art. 146 zu bewerten war,

Art. 152: Stiftungsgeschäft unter Lebenden,

Art. 153: Abs. V: Einbringung von Grundstücken oder grundstücksgleichen Rechten oder des Rechtes auf Auflassung, des Rechtes aus einem Meistgebot usw. in Aktiengesellschaften, Kommanditgesellschaften auf Aktien oder Gesellschaften mit beschränkter Haftung,

Art. 154 Abs. II, III: Tausch,

Art. 155: Versteigerung,

Art. 156: Vergleich,*)

Art. 252—257 a: Erwerb auf anderem als rechtsgeschäftlichem Wege (infolge von behördlichen

---

*) Hierher gehört auch der Fall des § 101 des Gerichtskostengesetzes (RGBl. 1898 S. 659).

Beschlüssen oder Entscheidungen, im Erbweg oder auf sonstige Weise);

öffentliche Beurkundung oder Beglaubigung der Erklärungen beim Erwerbe des Eigentums an einem Grundstücke, das im Grundbuche nicht eingetragen ist und nicht eingetragen zu werden braucht,

Art. 258—260 a: Zwanzigjähriger Besitz bei juristischen Personen, Handelsgesellschaften, Versicherungsgesellschaften, Genossenschaften, Vereinen sowie anderen Gesellschaften und Anstalten, ferner bei Gesamtgeschlechtern, in deren Güter keine agnatische Erbfolge stattfindet (Gebührenäquivalent);

Vereinigung aller Anteile gewisser Gesellschaften usw. in der Hand eines Teilhabers, Übertragung der so vereinigten Anteie auf einen anderen,

Art. 315: Notarielle Urkunde über den Erweb von Grundstückseigentum oder von grundstücksgleichen Rechten bis zur Anlegung des Grundbuchs.

2.

Im Gegensatze zum bisherigen Rechte Besitzveränderungsabgabengesetz vom 15. Juni 1898, GVBl. S. 292) besteht die Befugnis zur Erhebung der gemeindlichen Besitzveränderungsabgabe nicht nur beim Übergange des Eigentums an Grundstücken, sondern auch beim Übergange von Rechten, die den Grundstücken gleichstehen. Auch die Besitzveränderungsabgabe, die dem Gebührenäquivalente nach Art. 258—260 a des Gebührengesetzes zugeschlagen wird, erstreckt sich nunmehr auf Rechte dieser Art.

Als Rechte, die den Grundstücken gleichstehen, kommen in Betracht: das Erbbaurecht (BGB. §§ 1012 u. ff.), das Bergwerkseigentum, die Kuxe älteren Rechtes, das Fischereirecht, die Realgewerbeberechtigungen (bei Apotheken, Wirtschaften, Kaminkehrern, Wasenmeistern und Lebzeltern), die Nutzungsrechte, für die nach Landesgesetz die auf Grundstücke bezüglichen Vorschriften gelten (z. B. bürgerlichrechtliche Kommunbraurechte).

3.

Im Gegensatze zum bisherigen Rechte (s. die Sammlung von Entscheidungen des Obersten Landesgerichts in Zivilsachen Bd. 6 S. 365, 438, 717) wird ferner im Falle des Art. 146 des Gebührengesetzes die gemeindliche Besitzveränderungsabgabe gleich der Staatsgebühr schon durch die Vertragsschließung, nicht erst beim Hinzutritt einer wirklichen Besitzveränderung fällig. Das Nämliche gilt für die Fälle, in denen — gleichwie nach Art. 146 des Gebührengesetzes — die Staatsgebühr schon vor der wirklichen Besitzveränderung anfällt.

4.

Die Höhe der Besitzveränderungsabgabe ist — abgesehen von dem Falle des Art. 4 des Besitzveränderungsabgabengesetzes (s. unten Ziff. 12—18) — von den Gemeinden selbst, und zwar nach einem Bruchteile der Staatsgebühr zu bemessen. Die Gemeinden sind dabei nur in folgenden zwei Richtungen beschränkt:

a) Der Bruchteil darf die Hälfte der Staatsgebühr nicht überschreiten. Er kann dagegen auf einen geringeren Satz, z. B. auf $^1/_3$ oder $^1/_4$ oder auch auf 40, 30, 20 % der Staatsgebühr bemessen werden.
b) Der Bruchteil muß innerhalb einer Gemeinde für alle Abgabenfälle der gleiche sein; er kann also nicht etwa nach besonderen Merkmalen der Abgabenfälle abgestuft werden.

Auch wäre es unzulässig, die Abgabe nur auf einzelne dieser Fälle zu beschränken, in anderen aber von ihrer Erhebung abzusehen.

5.

Zu Art. 2.

Nach Art. 2 Abs. I steht die Befugnis zur Erhebung der Besitzveränderungsabgabe der Gemeinde zu, in der das Grundstück liegt oder das Recht besteht, auf das sich die Staatsgebühr bezieht.

6.

Erstreckt sich ein gebührenpflichtiger Vertrag usw. auf mehrere Grundstücke oder Rechte, die in verschiedenen Gemeinden liegen oder bestehen, so ist jede dieser Gemeinden anteilsweise abgabenberechtigt. Der Anteil bemißt sich nach dem Verhältnisse des Wertes der Grundstücke oder Rechte.

In solchen Fällen ist daher, soweit die Besitzveränderungsabgabe überhaupt zu erheben ist, der Wert der Grundstücke oder Rechte, die in den einzelnen Gemeinden liegen oder bestehen, nach Gemeinden auszuscheiden.

7.

Nach Art. 2 Abs. II verteilt sich bei Tauschverträgen über Grundstücke oder Rechte, die in verschiedenen Gemeinden liegen oder bestehen, die Befugnis zur Erhebung der Abgabe auf diese Gemeinden nach dem Verhältnisse des Wertes der einzelnen Grundstücke oder Rechte.

Zur Verdeutlichung dieser Vorschrift diene folgendes Beispiel:

Ein Grundstück in der Gemeinde A mit einem Werte von 10 000 ℳ wird vertauscht gegen ein Grundstück in der Gemeinde B mit einem Werte von 6 000 ℳ und gegen eine Tauschaufgabe vor

4000 M. Die Staatsgebühr nach Art. 146 Abs. I Ziff. 3 beträgt 200 M. Die Befugnis zur Erhebung der Besitzveränderungsabgabe verteilt sich alsdann auf die Gemeinden A und B im Verhältnisse von 10 zu 6; d. h. die Grundlage für die Besitzveränderungsabgabe des Gemeinde A bilden $^{10}/_{16}$ von 200 M = 125 M, die Grundlage für die Besitzveränderungsabgabe der Gemeinde B bilden $^{6}/_{16}$ von 200 M = 75 M.

Ist in beiden Gemeinden die Hälfte der Staatsgebühr als Besitzveränderungsabgabe zu erheben, so beträgt daher die Abgabe

in der Gemeinde A 125 : 2 = 62,50 M,
in der Gemeinde B 75 : 2 = 37,50 M.

Ist in der Gemeinde A $^{1}/_{3}$, in der Gemeinde B $^{1}/_{4}$ der Gebühr als Besitzveränderungsabgabe zu erheben, so beträgt die Abgabe

in der Gemeinde A 125 : 3 = 41,66 M,
in der Gemeinde B 75 : 4 = 18,75 M.

Sind in der Gemeinde B $^{4}/_{10}$ der Gebühr als Besitzveränderungsabgabe und ist in der Gemeinde B eine solche Abgabe überhaupt nicht zu erheben, so beträgt die Abgabe

in der Gemeinde A 125 × $^{4}/_{10}$ = 50 M,
in der Gemeinde B . . . . 0 M.

Der Art. 154 des Gebührengesetzes (Gebühren bei Tauschverträgen zum Zwecke der Zusammenlegung von land- oder forstwirtschaftlichen Grundstücken) hat auf die Verteilung der Abgabenbefugnis keinen Einfluß. Soweit nach diesem Artikel eine Gebühr nach Art. 146 überhaupt erhoben wird, verteilt sich die Befugnis zur Erhebung der Besitzveränderungsabgabe ganz nach vorstehenden Regeln, gleichviel auf welcher Seite eine Zusammenlegung oder ein Mehrwert des Tauschgrundstücks vorliegt.

## Zu Art. 3.

8.

Die Erhebung der Besitzveränderungsabgabe setzt voraus, daß die Abgabe in bestimmter Höhe eingeführt worden ist. Eine Ausnahme von dieser Regel besteht nach Art. 4 in Bezug auf die Geschäfte gewerbsmäßiger Händler mit ländlichen Grundstücken. (Vgl. dazu unten Ziff. 12—18.)

Die Einführung der Besitzveränderungsabgabe und die Bemessung ihrer Höhe erfolgen in Gemeinden mit städtischer Verfassung durch Beschluß des Magistrats unter Zustimmung der Gemeindebevollmächtigten; in rechtsrheinischen Landgemeinden durch Beschluß des Gemeindeausschusses unter Zustimmung der Gemeindeversammlung; in Gemeinden mit pfälzischer Gemeindeverfassung durch Beschluß des Gemeinderats.

Außerdem ist in allen diesen Fällen die Genehmigung des Staatsministeriums des Innern erforderlich.

9.

Die Einführung der Besitzveränderungsabgabe sowie die Erhöhung der bereits bestehenden Abgabe setzt im allgemeinen voraus, daß ein Bedürfnis dazu besteht und daß die Abgabe oder deren Erhöhung einen ins Gewicht fallenden Ertrag verspricht. Wo diese Voraussetzungen fehlen, wird von der Einführung oder Erhöhung der Besitzveränderungsabgabe regelmäßig abzusehen sein.

Die Voraussetzung des Bedürfnisses wird in der Regel insbesondere dann fehlen, wenn in der Gemeinde keine oder nur ganz geringe Gemeindeumlagen erhoben werden.

Ähnliche Gesichtspunkte greifen Platz, wenn eine bereits bestehende Abgabe erniedrigt werden soll.

Über die Höhe des voraussichtlichen Ertrags der Abgabe wird bei Neueinführungen das Rentamt Auskunft geben können. Bei Erhöhungen bereits bestehender Abgaben ist der Ertrag der Gemeinde selbst bekannt.

10.

Zur Erholung der Genehmigung des Staatsministeriums des Innern sind an dieses Abschriften der Beschlüsse der gemeindlichen Vertretungskörper mit einer Übersicht nach dem Muster der Beilage 1 einzusenden. Die Einsendung erfolgt mit Begleitbogen oder mit kurzem Bericht oder Randbericht, und zwar durch die kreisunmittelbaren Stadtmagistrate unmittelbar, außerdem durch Vermittlung der Bezirksämter. Weitere Schriftstücke, Rechnungen u. dgl. sind der Vorlage nicht beizufügen; auch die Abfassung eines eigenen Gesuches hat zu unterbleiben.

Die Beschlußabschriften müssen ersehen lassen, daß die Beschlüsse gültig zustande gekommen sind. Die Höhe der einzuführenden Besitzveränderungsabgabe (s. oben Ziff. 4) muß genau bezeichnet sein; der Beschluß der Gemeindeverwaltung hätte also z. B. zu lauten:

„In der Gemeinde N. wird die Besitzveränderungsabgabe nach dem Besitzveränderungsabgabengesetze vom 14. August 1910 eingeführt. Die Abgabe beträgt die Hälfte (oder 1/3, 1/4, 4/10, 3/10 usw.) der Staatsgebühr".

oder:

„Die Besitzveränderungsabgabe von 1/4 der Staatsgebühr, die in der Gemeinde N. bereits besteht, wird die auf Hälfte (oder 1/3, 4/10 usw.) der Staatsgebühr erhöht".

11.

Die Genehmigung des Staatsministeriums des Innern wird im Justizministerialblatt und im Finanzministerialblatt ausgeschrieben. Dabei wird auch die

Höhe der Besitzveränderungsabgabe sowie der Tag bekanntgegeben, von dem ab sie zu erheben ist.

Den örtlich zunächst beteiligten Behörden wird außerdem die Genehmigungsentschließung des Staatsministeriums des Innern besonders mitgeteilt.

## Zu Art. 4.

### 12.

Art. 4 Abs I begründet einen gesetzlichen, von der gemeindlichen Beschlußfassung unabhängigen Zwang zur Erhebung der gemeindlichen Besitzveränderungsabgabe für den Fall, daß ein gewerbsmäßiger Händler mit ländlichen Grundstücken in Ausübung seines Gewerbes ein Grundstück oder ein grundstücksgleiches Recht im eigenen Namen oder als Vertreter eines anderen erwirbt oder veräußert.

### 13.

Die gewerbsmäßigen Händler mit ländlichen Grundstücken werden als solche den abgabenerhebenden Behörden zumeist ohnehin bekannt sein oder eben durch den Erwerb oder die Veräußerung bekannt werden.

In Zweifelsfällen empfiehlt es sich, bei der Distriktsverwaltungsbehörde des Wohnorts anzufragen. Diese wird auf Grund der Aufsicht auf den Gewerbebetrieb der Güterhändler (MBl. vom 1. Januar 1894 Ziff. 1, 6, ME. vom 10. Februar 1894 Ziff. 5, 6, GVBl. S. 12, Weber, Gesetz- u. Verordn.-Sammlung Bd. 22 S. 389) den gewünschten Aufschluß erteilen können oder der Sache weiter nachzugehen haben.

Die Distriktsverwaltungsbehörden haben bei Ausübung dieser Aufsicht auch den Vollzug des Art. 4 des Besitzveränderungsabgabengesetzes zu überwachen und wenn nötig den Vollzug herbeizuführen.

14.

Der Abgabenzwang des Art. 4 Abs. I beschränkt sich auf den Fall, daß der Erwerb oder die Veräußerung „in Ausübung des (Güterhandels-) Gewerbes" geschieht. Er greift daher z. B. nicht Platz, wenn der Güterhändler ein Grundstück im Erbweg erwirbt oder wenn er als Vormund für sein Mündel ohne Zusammenhang mit seinem Gewerbe ein Grundstück kauft oder verkauft.

15.

Der Abgabenzwang des Art. 4 Abs. I setzt ferner voraus, daß der Güterhändler das Grundstück oder das grundstücksgleiche Recht entweder selbst erwirbt oder veräußert oder daß er als Vertreter des Erwerbers oder Veräußerers auftritt.

16.

Die gemeindliche Besitzveränderungsabgabe beträgt im Falle des Art. 4 Abs. I immer die Hälfte der entsprechenden Staatsgebühr. Dies gilt sowohl dann, wenn die Abgabe in der Gemeinde überhaupt nicht, als auch dann, wenn sie nur mit einem geringeren Satze (s. oben Ziff. 4) eingeführt ist.

17.

Ist in der Gemeinde, in der das Grundstück liegt oder das grundstücksgleiche Recht besteht, der Höchstsatz der Abgabe (die Hälfte der Staatsgebühr) bereits eingeführt, so ist Art. 4 gegenstandslos. In diesem Falle greifen daher auch die Befreiungsvorschriften des Art. 4 Abs. II (zugunsten der Verwertung oder der Auseinandersetzung eines Nachlasses oder des Gesamtguts einer ehelichen oder fortgesetzten Gütergemeinschaft, dann zugunsten der gemeinnützigen Genossenschaften) nicht Platz.

18.

Der Abgabenzwang des Art. 4 Abs. I findet nach Abs. II Ziff. 2 nicht statt gegenüber gemeinnützigen Genossenschaften. Diese Ausnahme bezweckt, die gemeinnützigen Güterzertrümmerungen nicht zu erschweren, die von gemeinnützigen Darlehenskassenvereinen oder von sonstigen gemeinnützigen Genossenschaften vorgenommen werden.

Zu beachten ist dabei, daß die Genossenschaften, deren Wirken hiernach begünstigt werden soll, gemeinnützig sein müssen. Nach Ziff. 2 Satz 2 gelten nicht als gemeinnützig Genossenschaften, die satzungsgemäß die Einzahlungen der Mitglieder mit mehr als 5% verzinsen oder den Mitgliedern im Falle der Auflösung mehr als die Einzahlungen ausantworten. Diese Vorschrift schließt indessen nicht aus, auch anderen Genossenschaften ausnahmsweise die Eigenschaft der Gemeinnützigkeit abzusprechen. Vgl. dazu die Verhandlungen des Steuerausschusses der Kammer der Abgeordneten 1908/09 Bd. I S. 898, 907 u. ff.

Zu Art. 5.

19.

Gebühren, die aus der Reichs- oder Staatskasse bezahlt werden müßten, werden nach Art. 3 Ziff. 2 des Gebührengesetzes nicht erhoben. In Fällen solcher Art bestünde daher nach Art. 1 des Besitzveränderungsabgabengesetzes auch keine Möglichkeit, die gemeindlichen Besitzveränderungsabgaben „zuzuschlagen". Die Möglichkeit der Abgabenerhebung grundsätzlich gleichwohl zu schaffen, ist der Zweck des Art. 5.

20.

Art. 5 findet nach seinem Abs. I Satz 1 in allen Fällen Anwendung, die oben in Ziff. 1 aufgeführt sind; ausgenommen sind nur die Fälle der Art. 258 bis 260 a (Gebührenäquivalent).

21.

Nach Art. 5 Abs. I Satz 2 sind jedoch das Reich und der Staat von der Besitzveränderungsabgabe dann befreit, wenn die übergehenden Grundstücke oder Rechte unmittelbar zur Erfüllung öffentlicher Aufgaben zu dienen bestimmt sind.

Dies ist z. B. der Fall bei Amtsgebäuden, Lehranstalten, Strafanstalten, Kasernen, Exerzierplätzen, Truppenübungsplätzen, Dienstgrundstücken der staatlichen Verkehrsanstalten; abgabenfrei sind ebendeshalb z. B. auch staatliche Erwerbungen zu Wohlfahrtszwecken.

Ist hiernach die Abgabenfreiheit begründet, so erstreckt sie sich auch auf Übererwerbungen, die auf Grund des Art. III des Zwangsabtretungsgesetzes vom 17. November 1837 oder im Hinblick auf diese Vorschrift erfolgen. Das Gleiche wird regelmäßig von Erwerbungen gelten, die nur zur Verwertung im Tauschwege stattfinden.

22.

Die unmittelbare Bestimmung zur Erfüllung öffentlicher Aufgaben und damit die Voraussetzung für die Abgabenfreiheit fehlt dagegen bei Erwerbungen von Grundstücken oder Rechten, die bestimmt sind, die Einnahmen des Staates zu erhöhen, z. B. also bei Erwerbungen für die Staatsforstverwaltung, für die stataliche Bergwerks-, Hütten- und Salinenverwaltung, für die K. Bank, für die sog. besonderen Betriebe des Staates (Hofbräuhaus München, Weingut in Unterfranken, Hoffischerei auf dem Chiemsee, staatliche Mineralbäder usw.).

23.

Die Berechnung der Besitzveränderungsabgaben, die vom Reiche oder Staate zu entrichten sind, erfolg nach Art. 5 Abs. II bei Übergängen auf Grund zweiseitiger Verträge im Hinblick auf Art. 193 Ziff. 2 des Gebührengesetzes aus der Hälfte der regelmäßigen Gebühr,

bei anderen Übergängen, z. B. bei solchen infolge von Schenkungen, von behördlichen Beschlüssen oder Entscheidungen, bei Übergängen im Erbweg, aus der Gebühr, die nach den allgemeinen Regeln des Gebührengesetzes anzusetzen wäre.

24.

Art. 5 findet keine Anwendung auf die K. Zivilliste. Diese ist daher wie von der Staatsgebühr so auch von der gemeindlichen Besitzveränderungsabgabe befreit.

25.

Zu Art. 6.

Art. 6 zählt die Fälle auf, in denen trotz Erhebung der Staatsgebühr die gemeindliche Besitzveränderungsabgabe außer Ansatz bleibt.

Die Befreiung beschränkt sich natürlich nicht auf die Fälle, in denen die Staatsgebühr an den Eigentums- oder Rechtsübergang selbst angeknüpft ist (Gebührengesetz Art. 252—257 a); sie greift vielmehr auch dann Platz, wenn die Staatsgebühr für den Vertrag, Vergleich usw. erhoben wird, der einen im Art. 6 bezeichneten Eigentums- oder Rechtsübergang herbeizuführen bestimmt ist.

Art. 6 gilt auch für die Fälle des Art. 4.

Zu Art. 7.

26.

Die Einhebung der Besitzveränderungsabgaben obliegt den Behörden, welche die entsprechenden Staatsgebühren einzuheben haben oder (im Falle des Art. 5) einzuheben hätten.

Sie obliegt daher je nach der Art der Staatsgebühr den Notariaten, den Gerichtsschreibern oder den Rentämtern; im Falle des Art. 25 des Gebührengesetzes (gütliche Einigung im Zwangsenteignungsverfahren vor der Distriktsverwaltungsbehörde) obliegt sie den Distriktsverwaltungsbehörden.

Vgl. die K. Verordnung über das Gebührenwesen vom 23. Dezember 1899 §§ 13—18, dann die Ministerialbekanntmachung über das Gebührenwesen vom 25. Dezember 1899 §§ 6, 10, 71.

27.

Ein Verzeichnis der Gemeinden, die bis heute die Besitzveränderungsabgabe eingeführt haben (s. auch unter Ziff. 45), ist in der Beilage 2 abgedruckt. Die Notariate und die Rentämter haben dieses Verzeichnis auf dem laufenden zu erhalten.

Die Bekanntgabe des Verzeichnisses wird übrigens nach Bedarf unter Berücksichtigung der Änderungen von Zeit zu Zeit erneuert werden.

28.

Die Behörden, die für die Einhebung zuständig sind, setzen die Abgaben an und stellen sie unter Bezeichnung der bezugsberechtigten Gemeinden in ihren Gebührenregistern zu Soll.

Die Notariate vermerken die Abgaben unter Bezeichnung der bezugsberechtigten Gemeinden auch auf den notariellen Urkunden.

29.

Die Besitzveränderungsabgaben werden zugleich mit den entsprechenden Staatsgebühren und nach den gleichen Vorschriften wie diese eingehoben und (von den Rentämtern) beigetrieben.

30.

Die Notariate rechnen mit den Rentämtern über die Besitzveränderungsabgaben nach den gleichen Vorschriften wie über die entsprechenden Staatsgebühren ab.

31.

Die Gerichtsschreiber und die Bezirksämter behandeln die Besitzveränderungsabgaben als durchlaufende Posten nach §§ 44, 50 der Ministerialbekanntmachung über das Gebührenwesen vom 25. Dezember 1899.

Besitzveränderungsabgaben, die im Falle des Art. 25 des Gebührengesetzes (gütliche Einigung im Zwangsenteignungsverfahren vor der Distriktsverwaltungsbehörde) der Magistrat einer kreisunmittelbaren Stadtgemeinde für diese einhebt, verbleiben der Stadtgemeinde.

Rückstände überweisen die Gerichtsschreiber und die Distriktsverwaltungsbehörden zur Beitreibung dem Rentamte.

32.

Die Notariate, die Gerichtsschreiber und die Distriktsverwaltungsbehörden rechnen über die Besitzveränderungsabgaben stets mit dem Rentamt ab, mit dem sie über die entsprechenden Staatsgebühren abzurechnen haben oder (im Falle des Art. 5 des Besitzveränderungsabgabengesetzes) abzurechnen hätten.

Dies gilt auch dann, wenn die abgabenberechtigten Gemeinden zu einem anderen Rentamte gehören.

33.

Wird der Gesamtbetrag der Staatsgebühr und der Besitzveränderungsabgabe nicht vollständig, sondern nur teilweise eingehoben oder beigetrieben, so wird der vereinnahmte Betrag nach dem Verhältnisse der geschuldeten Gefälle dem Staate und den Gemeinden gutgerechnet.

34.

Die Rentämter behandeln die Besitzveränderungsabgaben, die ihnen die Notariate abliefern, als durchlaufende Posten und zahlen sie samt den selbstvereinnahmten Besitzveränderungsabgaben nach Schluß jedes Monats an die bezugsberechtigten Gemeinden aus.

35.

Die Rentämter geben von den Auszahlungen, die nach Ziff. 31, 34 an amtsfremde Gemeinden erfolgen, den Rentämtern dieser Gemeinden Nachricht. Die empfangenden Rentämter sammeln die Nachrichten und stellen sie zum Zwecke der Überwachung den Gemeindeverwaltungen und ihren Aufsichtsbehörden auf Verlangen zur Verfügung.

36.

Die rechnerische Behandlung von Nachholungen und Rückvergütungen, dann von Rückständen und Nachlässen bemißt sich bei den Besitzveränderungsabgaben nach den gleichen Vorschriften wie bei den entsprechenden Staatsgebühren.

37.

Nach Schluß jedes Jahres rechnen die Rentämter mit jeder beteiligten Gemeinde über den gesamten Sollanfall unter Ausweis der Rückstände und Nachlässe ab.

Eine Abschrift der Abrechnung legen die Rentämter bis zum 1. Mai der Regierung, Kammer der Finanzen, vor, die der Gemeinde vorgesetzt ist.

Die Regierungen, Kammern der Finanzen, stellen die Besitzveränderungsabgaben, die für die einzelnen Gemeinden angefallen und vereinnahmt worden sind, zusammen und legen je eine Fertigung der Zusammenstellung dem Staatsministerium des Innern und dem Staatsministerium der Finanzen vor.

38.

Für die Tätigkeit der staatlichen Behörden bei der Einhebung der Besitzveränderungsabgaben wird eine Vergütung von 1 % der eingehobenen Beträge gewährt.

Soweit die Abgaben bei den Notariaten eingezahlt werden, fließt die Vergütung nach der K. Verordnung vom 1. Februar 1902 (GVBl. S. 27) dem Pensionsverein für die bayerischen Notare und dem Pensionsverein für die Witwen und Waisen der bayerischen Notare zu. Im einzelnen bleiben hierfür die beiden Ministerialbekanntmachungen vom 2. Februar 1902 (JustMBl. S. 292, 295, FinMBl. S. 26, 28) maßgebend.

Im übrigen fließt die Vergütung in die Staatskasse. Sie wird bei der Auszahlung der Besitzveränderungsabgaben an die bezugsberechtigten Gemeinden (Ziff. 31, 34) abgezogen; die Gerichtsschreiber und die Bezirksämter liefern sie an das Rentamt ab.

39.

Bei der örtlichen Revision der Gebührenregister ist auch der Vollzug des Besitzveränderungsabgabengesetzes und der vorstehenden Vorschriften nachzuprüfen. Das Gleiche gilt für die Revision der Gebührenregister bei den Regierungen, Kammern der Finanzen.

Wenn nötig, sind bei der Revision die Besitzveränderungsabgaben richtigzustellen.

Zu Art. 8.

40.

Nach Art. 8 Abs. I finden die gesetzlichen Vorschriften über die Gebühren, denen die Besitzveränderungsabgaben zugeschlagen werden, auf diese Abgaben entsprechende Anwendung. Dies gilt auch für die Fälle des Art. 5 (Besitzveränderungsabgaben, die vom Reiche oder Staate zu entrichten sind).

41.

Die gesetzlichen Vorschriften, die hier in Frage kommen, sind insbesondere folgende:

a) Konkursordnung vom 20. Mai 1898 § 61 Nr. 2: Bevorzugung der Gefällsansprüche im Konkursverfahren,
b) Gebührengesetz Art. 2 Abs. II: Aufrundung der Gefälle auf volle 10 ₰,
c) Gebührengesetz Art. 4: vorläufige Nichterhebung der Gefälle von zahlungsunfähigen Personen,
d) Gebührengesetz Art. 25 Abs. II, 44—46, 47—50, 250, 257 a, 260 a: Zuständigkeit und Verfahren bei Streitigkeiten (s. auch unten Ziff. 42),
e) Gebührengesetz Art. 179, 180, 184: Erlaß und Erstattung der Gefälle bei Nichtausführung, Wiederaufhebung, Unwirksamkeit oder Nichtigkeit von Rechtsgeschäften (s. auch unten Ziff. 43),
f) Gebührengesetz Art. 192: Person des Schuldners der Gefälle,
g) Gebührengesetz Art. 255: Rückvergütung der Gefälle bei Besitzübergängen auf den Erben, wenn dieser zum Vollzug eines Vermächtnisses oder einer Auflage das Grundstück oder das Recht überträgt,
h) Gebührengesetz Art. 291: Beitreibung der Gefälle (s. oben Ziff. 29),
i) Gebührengesetz Art. 292, 293: Haftung der Notare, der Grundbuchbeamten und der Rentamtsbeamten. Im Falle des Art. 4 des Besitzveränderungsabgabengesetzes (s. oben Ziff. 12 bis 18) tritt jedoch nach Art. 8 Abs. II die

Haftung des Notars für die Besitzveränderungsabgabe nur unter bestimmter Voraussetzung, die Haftung des Grundbuchbeamten und des Rentamtsbeamten überhaupt nicht ein.

42.

Den abgabenberechtigten Gemeinden steht kein Beschwerderecht an die bürgerlichen Gerichte nach Art. 25 Abs. II, 44—46, 47—50, 257 a, 260 a des Gebührengesetzes zu. Auch gehören sie nicht zu den „Beteiligten", die nach Art. 42 des Gebührengesetzes die Wertsermittelung beantragen können.

Dagegen sind die abgabenberechtigten Gemeinden befugt, die Gebührenregister und Ausstandsverzeichnisse bei den Rentämtern einzusehen. Auch können sie gegen den Ansatz der Besitzveränderungsabgaben und gegen deren Abrechnung bei der Regierung, Kammer der Finanzen, die dem abrechnenden Rentamte vorgesetzt ist, Beschwerde führen.

43.

Nach Art. 8 Abs. III des Besitzveränderungsabgabengesetzes erstreckt sich die Befugnis des Staatsministeriums der Finanzen zur Gebührenstundung und zur Gewährung von Gebührennachlässen auch auf die Besitzveränderungsabgaben (s. auch oben Ziff. 41 Buchst. e).

Die Finanzbehörden können solche Stundungen und Nachlässe nach Maßgabe der hierüber bestehenden Vorschriften bewilligen, ohne vorher die abgabenberechtigten Gemeinden einzuvernehmen.

## Zu Art. 9.

44.

Neben dem Besitzveränderungsabgabengesetze vom 15. Juni 1898 treten außer Kraft:

die Ministerialbekanntmachung vom 25. Juni 1898 (JustMBl. S. 197, Amtsbl. d. StM. des Innern S. 410, FinMBl. S. 291),
die Ministerialbekanntmachung vom 2. Oktober 1898 (JustMBl. S. 607, Amtsbl. d. StM. des Innern S. 570, FinMBl. S. 505),
die Ministerialentschließung vom 8. Januar 1906 (Amtsbl. d. StM. d. Innern S. 90, FinMBl. S. 39).

45.

Nach Art. 9 Satz 2 des Besitzveränderungsabgabengesetzes bleiben die gemeindlichen Beschlüsse, durch welche die Abgabe auf Grund des bisherigen Gesetzes vom 15. Juni 1898 eingeführt worden ist, bis zu ihrer anderweitigen Beseitigung (durch Aufhebung oder Abänderung der Beschlüsse oder durch Widerruf der ministeriellen Genehmigung) in Wirksamkeit. In diesen Gemeinden (s. das Verzeichnis in Beilage 2) verbleibt es daher — vorbehaltlich des Art. 4 (Abgabenzwang bei gewerbsmäßigem Handel mit ländlichen Grundstücken) — bis auf weiteres bei dem bisherigen Abgabensatze von 1/4 der Staatsgebühr.

Ferner wird durch Art. 9 Satz 2 in diesen Gemeinden ohne weitere Beschlußfassung die Abgabenpflicht auf die Fälle ausgedehnt, die oben in Ziff. 2 und 3, dann im Art. 5 des Besitzveränderungsabgabengesetzes (Abgaben zu Lasten des Reichs oder des Staates) erwähnt sind.

46.

Das Besitzveränderungsabgabengesetz vom 14. August 1910 tritt mit der Verkündigung in Kraft.

Von diesem Zeitpunkt an werden daher nicht nur die Erweiterungen der Abgabenpflicht, die in vorstehender Ziff. 45 Abs. II erwähnt sind, sondern auch — und zwar in allen Gemeinden — der Abgabenzwang des Art. 4 des Besitzveränderungsabgabengesetzes (Geschäfte der Händler mit ländlichen Grundstücken) ohne weiteres wirksam.

München, 15. August 1910.

**Dr. v. Miltner. Dr. v. Pfaff. v. Brettreich.**

**Verzeichnis**

der

**Gemeinden mit Besitzveränderungsangabe**

nach dem Stande vom 15. August 1910

siehe Gesetz- und Verordnungs-Blatt Nr. 40, S. 453 vom 17. August 1910.

# III.

# Hundeabgabengesetz.

# Hundeabgabengesetz.

Das Gesetz vom 2. Juni 1876 und 31. Januar 1888, die Erhebung einer Gebühr für das Halten von Hunden betreffend, verfolgte den doppelten Zweck, sanitär zu wirken und für Staat und Gemeinden eine Einnahmequelle zu schaffen. Nach Abzug der Kosten der Hundevisitation und der Hundezeichen, sowie der Erhebungskosten fiel das finanzielle Ergebnis der Erhebungsgemeinde und dem Staate zu gleichen Teilen zu.

Wiederholten Anregungen im Landtag, den Ertrag der Hundegebühren den Gemeinden in einem höheren Umfang oder ganz zu überweisen, wurde mit Rücksicht auf die Wirkung in den Staatseinnahmen nicht stattgegeben.

Erst die Einführung der allgemeinen Einkommensteuer ermöglichte die Ueberweisung des Gesamtbetrags der Hundegebühren an die Gemeinden, wie es bereits die Denkschrift über die Reform der direkten Steuern in Bayern (Verh. der Kammer der Abgeordneten 1905/06 Beil. 300 S. 123, Beil.-B. II S. 478) in Aussicht gestellt hatte.

Dem von der Regierung vorgelegten Entwurf lag das bisherige Gesetz mit unwesentlichen Abänderungen zugrunde. In steuertheoretischer Hinsicht ist zu bemerken, daß das bisher übliche Wort „Gebühr" durch den Ausdruck „Abgabe" ersetzt wurde, um den Anklang an die direkten Staatssteuern zu vermeiden.

Der Steuerausschuß beschäftigte sich mit dem Entwurf in I. Lesung in 2 Sitzungen am 24. und 25. Februar 1909, in II. Lesung in der Sitzung am 1. Mai 1909. Referent bezw. Korreferent waren die Abgeordneten Brendel und Schwarz.

Der Entwurf wurde in beiden Lesungen einstimmig angenommen, nachdem er lediglich dahin abgeändert wurde, daß in Art. 16 im Falle der Nichtentrichtung der Abgabe die Tötungsfrist für die Hunde von 3 auf 8 Tage verlängert und die Tötung fakultativ gestellt wurde.

Das Plenum der Kammer der Abgeordneten nahm den Entwurf in der Fassung der Ausschußbeschlüsse in der 211. Sitzung am 11. November 1909 einstimmig und ohne Debatte an.

Die gleiche Stellung nahm die Kammer der Reichsräte (Referent: Fürst zu Leiningen) ein. Der Ausschuß fügte in der 1. Lesung am 21. Februar 1910 in Art. 8 Abs. II für die Hunde der Forstschutzbediensteten die Gewährung des Mindestsatzes bei und gab diesem Artikel die jetzige Fassung; in der 2. Lesung wurde der Eintritt der Gültigkeit des Gesetzes in Zusammenhalt mit der verspäteten Beendigung der Steuerreform auf 1. Januar 1912 festgesetzt. Die Abstimmung erfolgte einstimmig, im Plenum am 13. Mai 1910 mit allen gegen eine Stimme.

Diesen Aenderungen schloß sich die Kammer der Abgeordneten am 10. Juni 1910 an.

Das Gesetz statuiert, wie bisher, für jeden über 4 Monate alten Hund die Steuerpflicht, die nach der Größe der Gemeinden innerhalb 3—15 Mk. abgestuft ist (Art. 8). Eine Erhöhung dieser Abgabensätze und Abstufung der Erhöhung nach bestimmten Merkmalen kann durch Beschluß der Gemeindeverwaltung mit staatsaufsichtlicher Genehmigung erfolgen, eine Befugnis, die in den weitaus meisten deutschen Bundesstaaten den Gemeinden zusteht.

Für die im Falle der Nichtentrichtung der Abgabe vorgeschriebene Tötung der Hunde wurde die zwingende Bestimmung in die mildere Form einer Sollvorschrift umgewandelt.

Eine Sonderbestimmung für München überträgt die Zuständigkeit für Hundepolizei und Hundekrankheiten von der Polizeidirektion auf den Stadtmagistrat.

Das Gesetz tritt am 1. Januar 1912 in Kraft, nachdem mit Rücksicht auf die Wirkung in den Staatsfinanzeu ein früherer Termin nicht angemessen erschien.

# Hundeabgabengesetz

vom 14. August 1910.

(Ges.- u. Verordn.-Bl. Nr. 48.)

Im Namen seiner Majestät des Königs

**Luitpold,**

von Gottes Gnaden Königlicher Prinz von Bayern, Regent.

Wir haben nach Vernehmung des Staatsrats mit Beirat und Zustimmung der Kammer der Reichsräte und der Kammer der Abgeordneten beschlossen und verordnen, was folgt:

## Abgabenpflicht.

### Art. 1.

Die Hundehaltung unterliegt einer gemeindlichen Jahresabgabe nach Maßgabe dieses Gesetzes.

### Art. 2.

I. Abgabenpflichtig ist, wer einen Hund, der über 4 Monate alt ist, im Laufe des Jahres besitzt.

II. Besitzt jemand einen Hund als Nießbraucher, Pfandgläubiger, Mieter, Verwahrer oder in einem ähnlichen Verhältnisse, vermöge dessen er einem anderen gegenüber auf Zeit zum Besitze berechtigt oder verpflichtet ist, so trifft die Abgabenpflicht nur den anderen.

III. Abgabenpflichtige Mitbesitzer sowie mehrere im Laufe des Jahres aufeinander folgende abgabenpflichtige Besitzer sind Gesamtschuldner der Abgabe. Der einzelne Besitzer haftet jedoch nicht über den Betrag hinaus, der sich nach dem Orte und der Art seiner Hundehaltung berechnet.

Art. 3.

I. Die Pflicht zur Entrichtung der Abgabe entfällt, wenn ihre Voraussetzungen erst nach dem 31. Oktober erfüllt werden.

II. Tritt an Stelle eines nachweislich verendeten oder getöteten Hundes, für den die Abgabenpflicht bestanden hatte, bei dem gleichen Besitzer ein Ersatzhund, so entsteht für das laufende Jahr keine neue Abgabenpflicht. Geht der Ersatzhund vor dem 1. November auf einen anderen Besitzer über und ist die Abgabe für den verendeten oder getöteten Hund noch nicht entrichtet, so trifft die Pflicht zu deren Entrichtung auch den anderen Besitzer des Ersatzhundes.

Art. 4.

Abgabenfrei sind

1. Hunde von Personen, denen von der Staatsregierung nach völkerrechtlichen Grundsätzen die Abgabenfreiheit zugestanden ist,
2. Hunde, die bei öffentlichen Behörden oder an öffentlichen Anstalten unmittelbar zur Erfüllung öffentlicher Aufgaben gehalten werden.

Art. 5.

I. Die Staatsregierung kann in Bezug auf Hunde, die auch einer außerbayerischen Besteuerung unterliegen, Vereinbarungen und Verfügungen treffen, die von den Vorschriften dieses Gesetzes abweichen.

II. Zur Gewährung einer Abgabenminderung oder einer Abgabenbefreiung sind in Fällen solcher Art auch die Gemeinden berechtigt.

## Abgabenberechtigung.

### Art. 6.

Abgabenberechtigt ist die Gemeinde, in welcher der Hund nach Erreichung des Alters von 4 Monaten im Laufe des Jahres nachweislich zuerst gehalten wird.

### Art. 7.

I. Für Hunde, die ein umherziehender Gewerbetreibender mit sich führt, gilt dessen Wohnsitz als Haltungsort.

II. Hat der umherziehende Gewerbetreibende in Bayern keinen Wohnsitz, so gilt als Ort der Hundehaltung der Ort, in dem der Gewerbebetrieb in Bayern nach Eintritt der Abgabenpflicht im Laufe des Jahres zuerst ausgeübt wird.

## Abgabensätze.

### Art. 8.

I. Die Abgabe beträgt:
in Gemeinden mit mehr als 15 000 Einwohnern 15 Mark,
in Gemeinden mit 1501 bis 15 000 Einwohnern 9 Mark,
in Gemeinden mit 301 bis 1500 Einwohnern 6 Mark,
in Gemeinden mit 300 oder weniger Einwohnern 3 Mark.

II. Ohne Rücksicht auf die Einwohnerzahl der Gemeinde beträgt die Abgabe 3 Mk.

1. für Hunde, die in Einöden oder Weilern gehalten werden,
2. für Schäferhunde, die während des größeren Teiles des Jahres in Pferchen gehalten werden,
3. für Hunde, die von Forstschutzbeamten ausschließlich oder vorwiegend zu Zwecken des Forstschutzes ge-

halten werden. Hält ein Forstschutzbeamter mehrere Hunde, so gilt diese Vorschrift nur für einen davon.

III. Für die Berechnung der Abgabe nach Abs. I wird die Einwohnerzahl der Einöden und Weiler (Abs. II) von der Gesamteinwohnerzahl der Gemeinde in Abzug gebracht.

IV. Die Vorschriften der Abs. II, III finden im Falle des Art. 7 Abs. II keine Anwendung.

## Art. 9.

I. Als Einöde (Art. 8 Abs. II) gilt ein Anwesen, das nicht mehr als 300 Einwohner zählt und dessen Wohngebäude mehr als 100 Meter von jedem anderen Wohngebäude entfernt sind.

II. Als Weiler (Art. 8 Abs. II) gilt eine Mehrzahl benachbarter Anwesen, die zusammen nicht mehr als 300 Einwohner zählen und deren Wohngebäude mehr als 100 Meter von jedem anderen Wohngebäude entfernt sind.

## Art. 10.

I. Die im Art. 8 bezeichneten Abgabensätze können durch Beschluß der Gemeindeverwaltung mit staatsaufsichtlicher Genehmigung erhöht, die Erhöhung kann auf gleichem Wege unter Festsetzung entsprechender Merkmale abgestuft werden.

II. Der Beschluß bedarf in Gemeinden mit städtischer Verfassung der Zustimmung der Gemeindebevollmächtigten, in Landgemeinden rechts des Rheins der Zustimmung der Gemeindeversammlung.

III. Auf die Beratungen und Beschlußfassungen (Abs. I, II) finden die Vorschriften beider Gemeindeordnungen über die Ausschließung der mit Privatinteressen beteiligten Personen keine Anwendung.

## Änderung der Hundehaltung.

Art. 11.

I. Tritt vor dem 1. November im Orte oder in der Art der Hundehaltung eine Änderung ein, aus der sich eine Erhöhung des Abgabensatzes ergibt, so ist für das laufende Jahr der entsprechende Mehrbetrag zu entrichten.

II. Verpflichtet zur Entrichtung des Mehrbetrags ist, wer den Hund im Laufe des Jahres nach Eintritt der Änderung besitzt. Die Vorschriften der Art. 2 Abs. II, III, 3 Abs. I finden entsprechende Anwendung.

III. Berechtigt zur Erhebung des Mehrbetrags ist die Gemeinde, in welcher der Hund nach Eintritt der Änderung im Laufe des Jahres nachweislich zuerst gehalten wird.

## Fälligkeit und Einhebung der Abgabe.

Art. 12.

I. Die Abgabe wird am 1. Januar, bei späterer Entstehung des Schuldverhältnisses am Tage der Entstehung fällig.

II. Den Zeitpunkt der Entrichtung bestimmt die Gemeindeverwaltung.

III. Die Einhebung der Abgabe erfolgt durch die Gemeinden. Die Staatsregierung ist ermächtigt, hierüber nähere Anweisungen zu erteilen.

## Sicherung und Überwachung der Abgabe.

Art. 13.

Zur Sicherung und Überwachung der Abgabe können oberpolizeiliche und ortspolizeiliche Vorschriften erlassen werden. In den Vorschriften kann die rechtswidrige Gefährdung der Abgabe mit Geldstrafe bis zu 18 Mark, die rechtswidrige Entziehung oder Verkürzung mit Geldstrafe bis zum Zehnfachen, im Rückfalle bis zum Zwanzigfachen des entzogenen Betrags bedroht werden.

Art. 14.

I. Die Zuständigkeit und das Verfahren bei strafbaren Zuwiderhandlungen gegen die polizeilichen Vorschriften (Art. 13) richten sich nach den Bestimmungen des Reichs-Gerichtsverfassungsgesetzes und der Reichs-Strafprozeßordnung.

II. Die Gemeindeverwaltungen sind berechtigt, Strafbescheide im Verwaltungswege zu erlassen; auf das Verfahren hierbei finden die Vorschriften der Art. 86, 87 Abs. I, 88 Abs. I, 89 Abs. I bis III, V, 90, 91, 92 Abs. II des Gesetzes vom 18. August 1879 zur Ausführung der Reichs-Strafprozeßordnung entsprechende Anwendung.

Art. 15.

Die Geldstrafen (Art. 13) fließen in die Kasse der Gemeinde, deren Abgabe durch die strafbare Handlung gefährdet wird. Gefährdet eine strafbare Handlung die Abgaben mehrerer Gemeinden, so bemessen sich deren Anteile an der Geldstrafe nach dem Verhältnisse der gefährdeten Beträge.

### Tötung von Hunden bei Nichtentrichtung der Abgabe.

Art. 16.

Hunde, für welche die fälligen Abgaben nicht binnen acht Tagen nach der Mahnung entrichtet werden, können auf Kosten des Säumigen polizeilich getötet werden.

### Hundevisitation.

Art. 17.

Neben dem Aufwande für die Erhebung, Sicherung und Überwachung der Abgabe fallen den Gemeinden auch die Kosten der Hundevisitation (Polizeistrafgesetzbuch Art. 83 Abs. I Ziff. 1) zur Last.

### Streitigkeiten.

Art. 18.

Im Art. 8 Ziff. 31 Satzteil 1 des Gesetzes vom 8. August 1878, betreffend die Errichtung eines Verwaltungsgerichtshofes und das Verfahren in Verwaltungsrechtssachen, werden nach den Worten „örtlichen Abgaben" die Worte „mit Einschluß der Hundeabgaben" eingeschaltet.

### Schlußbestimmungen.

Art. 19.

I. Dieses Gesetz tritt am 1. Januar 1912 in Kraft.

II. Gleichzeitig tritt das Gesetz vom $\frac{\text{2. Juni 1876}}{\text{31. Januar 1888}}$ die Erhebung einer Gebühr für das Halten von Hunden betreffend, außer Wirksamkeit. Die Erledigung von Ansprüchen und Verbindlichkeiten aus diesem Gesetze, dann die Verfolgung der im Art. 7 Abs. II daselbst erwähnten strafbaren Handlungen erfolgt jedoch nach den bisherigen Vorschriften.

III. Am bezeichneten Tage geht in München die Zuständigkeit in Bezug auf Hundepolizei und Hundekrankheiten von der Polizeidirektion auf den Magistrat über.

Gegeben zu Hohenschwangau, den 14. August 1910.

**Luitpold,**

**Prinz von Bayern,**

des Königreichs Bayern Verweser.

**Dr. Frhr. v. Podewils. Dr. v. Miltner. Dr. v. Wehner. v. Frauendorfer. Dr. v. Pfaff. Frhr. v. Horn. v. Brettreich.**

Auf Allerhöchsten Befehl:
Der Ministerialrat
im K. Staatsministerium des Innern:
Knözinger.

# Alphabetisches Verzeichnis zum Warenhaussteuergesetz.

## H.



## J.



## K.



## M.



## N.

# Alphabetisches Verzeichnis zum Besitzveränderungsgesetz.

# Alphabetisches Verzeichnis zum Hundeabgabengesetz.

FSC
www.fsc.org
MIX
Papier | Fördert
gute Waldnutzung
FSC® C083411

Kolibri 360 GmbH
Ferdinand-Jühlke-Straße 7
99095 Erfurt, Deutschland
produktsicherheit@kolibri360.de